ÉDUCATION FÉMINISTE

Qu'est-ce que le Féminisme ?

PAR

ODETTE LAGUERRE

PRIX : **20** centimes

SOCIÉTÉ D'ÉDUCATION & D'ACTION FÉMINISTES

7, rue de la Tunisie, LYON

1905

L'Education Féministe

série de brochures de propagande, à **20 centimes**, publiées par la Société d'Education et d'Action féministes, Sous la direction de sa Secrétaire Générale,

Mᵐᵉ Odette LAGUERRE

présentera, dans son ensemble, une étude préci. ? et com plète de la question féministe, envisagée sous ses multiples aspects.

LISTE DES BROCHURES EN PRÉPARATION OU EN VENTE

1. Qu'est-ce que le Féminisme?
2. La Femme dans le Passé.
3. Le Mouvement féministe.
4. L'Education Intellectuelle de la Femme.
5. L'Enseignement ménager.
6. Les Professions féminines.
7. L'Institutrice.
8. L'Ouvrière.
9. Le Service domestique.
10. La Sujétion légale de la Femme.
11. Les Régimes matrimoniaux.
12. Mariage, Divorce, Union libre.
13. La Recherche de la Paternité.
14. La Jeune Fille moderne.
15. La Mère.
16. La Courtisane.
17. La Femme Citoyenne.
18. La Femme et l'Assistance sociale.
19. La Femme contre les grands fléaux : Guerre, Alcoolisme, Tuberculose.
20. La Femme dans la Coopération et la Mutualité.
21. La Femme et le Socialisme.
22. La Femme et la Libre-Pensée.
23. Les Droits de l'Enfant.
24. La Protection de l'Enfance.
25. Comment élever nos fils ?

Un exemplaire,	0 fr. 20.	— Par poste,	0 fr. 25
10	—	1 fr. 50	—	2 fr. »
50	—	6 fr. »	—	7 fr. »
100	—	10 fr. »	—	11 fr. »

Le Féminisme

> « La femme est civilement mineure et moralement esclave. Son éducation est frappée de ce double caractère d'infériorité. De là tant de souffrances dont l'homme a sa part, ce qui est juste.
>
> « L'homme a chargé inégalement ces deux plateaux du Code dont l'équilibre importe à la conscience humaine ; l'homme a fait verser tous les droits de son côté, et tous les devoirs du côté de la femme. De là un trouble profond. De là la servitude de la femme.
>
> « Une réforme est nécessaire. Elle se fera au profit de la civilisation, de la société, de la lumière. »
>
> VICTOR HUGO. — *Lettre à Léon Richer.* — 1877.

I. — Qu'est-ce que le Féminisme ?

La question féministe a pris place parmi les grandes questions sociales. A ceux qui luttent pour les droits de la femme, on ne se contente plus de répondre par des haussements d'épaule ou des plaisanteries faciles. On écoute leurs revendications, on les discute. Chaque année, par le journal, par le roman, par le théâtre, par la conférence, les idées féministes gagnent du terrain, s'infiltrent dans la masse. Elles ne sont plus seulement la préoccupation de quelques esprits d'avant-garde et de quelques sociétés restreintes ; elles font partie du domaine public ; elles s'imposent à l'attention de tous.

Quel progrès si l'on se reporte seulement au congrès féministe de 1896, ouvert par Maria Pognon, au milieu des cris d'animaux d'un public gouailleur, venu là pour se divertir !

Cependant, le mot *féministe* est encore si mal compris d'un grand nombre et soulève encore tant de défiance irraisonnée et d'obstinées préventions, qu'il n'est pas inutile d'en fixer exactement le sens.

Avec le président Magnaud, nous voyons d'abord dans le féminisme « une poussée de justice qui tend à égaliser les droits et les devoirs de l'homme et de la femme. »

Cette égalité n'a pas existé jusqu'ici. A toutes les époques historiques, et chez tous les peuples — sauf de rares et curieuses exceptions, — la femme a été subordonnée à l'homme, infériorisée dans la famille et dans la société, traitée en instrument de plaisir ou en instrument de travail, en mineure, en incapable... jamais en être libre,

jouissant de la plénitude des droits attachés à la personne humaine.

« Victime de la loi de l'homme qui lui commande l'obéissance, victime de la religion qui lui prêche la résignation, victime de la société qui l'entretient dans la servitude, c'est la perpétuelle exploitée », a dit Lucien Descaves.

Pendant de longs siècles, elle a subi son esclavage, non sans souffrances et sans velléités de révolte, mais avec la pensée qu'il était nécessairement et fatalement lié à sa condition de femme et qu'elle ne pouvait y échapper qu'en usant du pouvoir de ses charmes ou de l'arme ordinaire des faibles : la ruse.

Elle se défendit, et souvent elle régna par sa maîtrise dans l'art de plaire et dans l'art de tromper. Elle trouva moyen, par sa finesse et sa ténacité, de gouverner maintes fois son tyran sans qu'il s'en aperçut. Ce fut là sa revanche sur les lois iniques et les préjugés féroces dont elle était victime.

Mais dans cette lutte des sexes — vieille comme le monde —, la femme n'obéissait qu'à l'instinct de conservation. Elle n'avait pas la conception de ses droits méconnus.

C'est la Révolution française qui les lui a révélés en proclamant les Droits de l'Homme. La nuit fameuse du 4 août 1789 a posé les bases mêmes du féminisme.

En effet, ce n'est pas en qualité d'êtres virils, mais en qualité d'êtres humains, capables de sensibilité, de raison, de moralité, que les hommes ont des droits. Les femmes doivent donc avoir absolument les mêmes, comme l'écrivait Condorcet.

« Aucun individu de l'espèce humaine, ajoutait-il, n'a de véritables droits, ou tous ont les mêmes, et celui qui vote contre le droit d'un autre, quels que soient sa religion, sa couleur *ou son sexe*, a dès lors abjuré les siens. »

La grande voix de Condorcet ne fut pas écoutée ; la fière Déclaration des Droits de la Femme, par Olympe de Gouges, ne recueillit que des sarcasmes, et la Révolution de 1789 se fit au seul profit des hommes.

Prisonnière de son sexe, la femme fut mise hors du droit commun. Elle dut se soumettre à des lois faites sans elle et contre elle, payer l'impôt sans l'avoir consenti, sans pouvoir en contrôler l'emploi ; elle ne fut point admise aux « dignités, places et emplois publics », déclarés pourtant accessibles à tous les citoyens, « sans autre distinction que celle de leurs vertus ou de leurs talents. »

L'homme, systématiquement, l'écarta du pouvoir, refusa sa collaboration à l'œuvre sociale. Il voulut bien reconnaître pour son égal le plus obtus de ses frères, mais non la plus intelligente de ses sœurs ; et les droits qu'il étendait sans exception à tous les individus de son sexe, il les refusa, par accoutumance aux préjugés, par stupide orgueil de mâle, à la compagne de sa vie, à la mère de ses enfants.

Mais quand un principe juste et fécond a été une fois posé, on ne peut plus arrêter les conséquences qui en découlent.

L'Homme, créateur de l'Idée, est à son tour mené par elle. La Déclaration des Droits renfermait un germe impérissable. Elle affirmait la dignité de la personne humaine. Cette idée a traversé les tourmentes politiques du 19ᵉ siècle. Elle a enfanté le socialisme et le féminisme, ces deux formes nouvelles de l'éternelle aspiration des êtres à la Justice.

Et c'est ainsi que, suivant la belle et forte expression de Marya Chéliga, « la Déclaration des Droits de l'Homme a ouvert, dans le mur séculaire du privilège, une brèche qui deviendra la porte triomphale où passeront les droits de tous les opprimés. »

Le Féminisme n'est pas seulement une poussée de justice ; il est aussi une poussée de liberté qui marque la fin du règne de l'Homme, de ce que Jules Bois appelle l'anthropocentrisme.

Jusqu'à présent, l'homme s'est persuadé qu'il était le centre du monde. Il s'est habitué à voir la femme graviter autour de lui, comme la lune autour de la terre. Il n'a jamais considéré la femme que par rapport à lui, à ses besoins, à ses désirs. Il n'a voulu voir en elle que l'amante ou la mère, le jouet dont il s'amusait, ou la conservatrice de l'espèce et la gardienne du foyer. « Ménagère ou courtisane, lui a-t-il dit, choisis. Mais ne t'avise pas d'être autre chose, parce que tu serais un monstre. »

La femme nouvelle a choisi. Elle a voulu être autre chose, *être soi*, conquérir une existence personnelle, compter pour une unité humaine et non plus seulement pour une fraction ou un zéro.

Et loin de devenir un monstre, elle s'élève ainsi à une vie plus haute et plus complète, entraînant l'humanité dans cette voie ascendante.

Elle veut se soustraire à la protection que l'homme lui a imposée, et qu'il lui a fait payer si cher. Elle veut s'y soustraire non par sot orgueil, défiance, haine ou mépris du sexe fort, mais parce qu'elle sent bien que cette tutelle endort sa volonté, rétrécit son cerveau, l'écrase, la paralyse et l'amoindrit.

Mais comment pourrait-elle s'affranchir de la tutelle de l'homme tant qu'elle dépendra de lui pour sa subsistance, tant qu'elle attendra de lui le pain quotidien ?

Le féminisme a bien compris que, pour libérer la femme, il fallait d'abord la mettre en état de gagner sa vie, et que son indépendance économique était la base et la condition première de son émancipation intégrale.

C'est pourquoi il réclame pour la femme l'admission à tous les emplois, à toutes les carrières, une meilleure éducation professionnelle et des salaires équitables qui ne soient plus seulement des salaires d'appoint et qui lui permettent de vivre d'une vie indépendante.

Ces deux aspirations du féminisme à la justice et à la liberté ont été aussi mal comprises l'une que l'autre.

Les esclavagistes — puis-je appeler autrement les partisans de l'antique servitude féminine — s'obstinent à voir dans les revendications féministes le renversement de l'ordre établi, le déplacement des rôles attribués à chaque sexe. « La femme ne veut plus obéir ? c'est donc qu'elle veut commander. La femme prétend être libre ? c'est donc l'homme qui sera esclave, qui gardera le logis et s'attellera aux besognes ménagères. » Tel est leur raisonnement.

Plaignons ces étroites cervelles, emprisonnées dans le vieux moule forgé par des siècles d'iniquité, et qui ne peuvent concevoir que des exploiteurs ou des exploités, des maîtres ou des valets, mais non des êtres égaux et libres.

Elles ne comprennent pas mieux l'affranchissement de la femme que l'égalité des sexes. A les entendre, la femme affranchie est en révolte contre la nature et contre ses lois. Le féminisme divise les sexes ; il est l'adversaire de l'amour, du mariage, de la maternité, le destructeur du foyer. Combien de fois l'a-t-on accusé de tous ces méfaits, faute d'envisager sérieusement et honnêtement son sérieux et honnête idéal !

Non, la femme affranchie ne se refuse pas à l'amour, mais elle veut séparer de l'amour ce qui l'a profané jusqu'ici : l'intérêt et la servitude. Elle ne veut plus livrer son corps sans donner son âme. Elle veut aimer librement et être aimée pour elle-même.

Elle ne se dérobe pas au mariage ni à la maternité. Elle recule seulement « devant deux maux qu'elle a supportés avec la muette patience des désespoirs, depuis des générations. Le premier, c'est le mariage sans amour; le second, c'est la maternité sans consentement » (1).

Dans le mariage, elle ne veut plus trouver l'abdication, mais l'épanouissement de sa personnalité ; dans le mari, elle ne veut plus voir un maître, mais le compagnon de sa vie ; dans la maternité, elle ne veut pas être seulement la génératrice, mais aussi l'éducatrice. Et c'est parce qu'elle comprend dans toute son étendue, dans toute sa sublimité le rôle de la mère, qu'elle veut ce rôle librement accepté et librement rempli.

Enfin, elle n'aspire pas à déserter le foyer, mais elle ne veut plus y être enfermée. Si c'est toujours son domaine, ce ne doit plus être sa prison.

II. — L'Education de la Femme

Sortons des généralités vagues ; plaçons-nous en face des faits et des institutions ; nous en verrons surgir, avec une aveuglante clarté, des abus et des iniquités qui ne justifient que trop les revendications du féminisme.

Dans l'éducation, d'abord, quelle immense différence n'a-t-on pas faite, jusqu'à nos jours, entre la culture du cerveau masculin et celle du cerveau féminin ! Tout était mis en œuvre pour féconder le premier ; rien n'était fait pour enrichir et fortifier le second. L'instruction paraissait plus nuisible qu'utile à la femme, et ce préjugé n'a point entièrement disparu. Pendant des siècles, non seulement on n'a pas essayé de développer et d'affranchir l'intelligence féminine, mais on s'est efforcé de dompter ses élans et ses curiosités, de l'endormir et de l'atrophier, en la nourrissant de futilités et de mensonges.

Devant l'homme s'ouvraient largement toutes les avenues conduisant au savoir ; à lui s'offraient tous les fruits de la pensée mûrie par l'étude. Pour la femme, ces avenues étaient fermées, ces fruits défendus. Et les audacieuses qui s'avisaient de pénétrer, malgré tout, dans le domaine interdit des hautes jouissances cérébrales, étaient traitées d'orgueilleuses, de bas-bleus, d'insupportables pédantes. L'homme savant était porté aux nues ; la femme savante sombrait dans le ridicule.

Quand on s'est décidé à instruire la généralité des filles, on a eu bien soin de leur mesurer la science à doses homéopathiques, en neutralisant ses dangereux effets par de bonnes doses d'enseignement religieux. Le 19ᵉ siècle a vécu à peu près tout entier sur cette idée de Napoléon Iᵉʳ : « La religion est une importante affaire dans une institu-

(1) Claire de Pratz.

tion publique de demoiselles. Elle est, quoi qu'on en puisse dire, le plus sûr garant pour les mères et les maris. Elevez-nous des croyantes et non pas des raisonneuses. »

La République laïque et démocratique a fini par s'apercevoir de l'illogisme et du danger qu'il y avait à élever les hommes pour la liberté, les femmes pour la servitude. Elle a compris que la femme ignorante ou mal éclairée était un invincible obstacle au progrès humain, une force redoutable au service de la réaction. Elle a rendu l'enseignement primaire obligatoire pour les filles comme pour les garçons; elle a créé l'enseignement secondaire des filles et les écoles normales d'institutrices. Certes, ce sont là d'inestimables conquêtes, qui marquent un pas décisif dans l'histoire de l'émancipation des femmes. Mais elles sont loin encore d'avoir produit tous leurs fruits, par suite des scrupules, des hésitations et des lenteurs calculées qu'apportèrent à leur tâche les hommes chargés d'organiser l'enseignement féminin. Si quelques-uns, doués d'une large intelligence et d'un grand cœur, ont vu dans la femme un être humain digne d'être développé pour lui-même, la plupart, cédant à d'antiques et tenaces préjugés, ont continué à vouloir pour elle des études spéciales et restreintes, la préparant uniquement à son rôle d'épouse et de mère. Ils ont craint de la libérer trop vite et trop franchement des tutelles traditionnelles. Tandis que la loi de 1886 prescrivait de laïciser en cinq ans les écoles publiques de garçons, toute latitude était laissée à l'administration pour les écoles de filles, si bien qu'il restait encore, il y a peu de temps, 1.500 écoles de filles à laïciser. Peut-on s'étonner, après cela, que l'Eglise continue à dominer la femme ?

Le féminisme, n'admettant aucune différence entre les *droits* des deux sexes, réclame pour l'un comme pour l'autre *les mêmes conditions de développement*.

Il demande, pour la femme comme pour l'homme, un enseignement *rationnel*, l'habituant à ne pas se repaître de songes, à voir clair en elle et autour d'elle, et cultivant cette faculté précieuse qu'on appelle le jugement.

Pour la femme comme pour l'homme, il veut un enseignement *intégral*, qui ne l'obligerait pas à tout apprendre, mais qui lui permettrait de cultiver et d'utiliser toutes ses aptitudes.

Qu'on ne dise pas qu'un tel enseignement masculiniserait la femme, puisqu'il la développerait dans le sens et dans la limite de ses facultés naturelles.

Ne séparant pas l'éducation *ménagère* et l'éducation *professionnelle* de l'éducation intellectuelle, le Congrès international féministe de 1900 a demandé que toutes les jeunes filles apprissent un métier, et que fût institué un enseignement complémentaire féminin comprenant la science de l'enfant et la science domestique.

En définitive, les féministes veulent préparer la jeune fille pour le double rôle qu'elle peut être appelée à jouer dans la vie. Femme, elle doit être à même de marcher seule, non pas contre l'homme, mais à côté de lui, sans son appui, et de se créer, suivant les circonstances, une existence indépendante et digne. Mère, elle doit comprendre toute sa responsabilité, et, en même temps, avoir en sa possession tous les moyens de s'acquitter de ses devoirs.

III. — Les deux morales

Au point de vue de la morale sexuelle, l'homme et la femme sont placés sous deux régimes absolument différents, régime d'indulgence et de liberté pour celui-là, régime de contrainte et de sévérité pour celle-ci, en vertu de ce principe que la chasteté, chez la femme, est une vertu nécessaire, et chez l'homme un détail négligeable. Sans la chasteté, on peut être honnête homme, on ne peut être honnête femme.

Les conséquences de ce double principe pèsent lourdement sur toute l'existence féminine et sont entre les deux sexes une cause de malentendus sans fin.

L'homme, sachant qu'il est libre de satisfaire ses passions, et considérant la femme comme un être inférieur, ne voit en elle qu'une proie à saisir, un fruit à savourer. Tous les moyens — hors la violence que la loi lui défend — lui paraissent légitimes pour vaincre ses résistances et triompher d'elle. Tantôt il abuse de l'ignorance et de la crédulité d'une pauvre fille, tantôt il exploite sa misère.

Quand il l'a poussée à la faute, le déshonneur est pour elle, non pour lui. Si elle n'arrive pas à dissimuler sa déchéance — quelquefois au prix d'un infanticide, — elle se voit montrée au doigt, bannie de la catégorie de celles qu'on épouse et presque forcément acculée à la prostitution ou au suicide.

Cependant quelles armes a-t-elle, la jeune fille, pour se défendre contre les pièges que lui tend le désir masculin ?

Presque aucune autre, dans la classe ouvrière, que son honnêteté native et son instinctive pudeur.

Dans la classe bourgeoise, on cherche à lui donner des apparences irréprochables, bien plutôt qu'à éclairer son jugement et à fortifier sa volonté. Ce qui importe, c'est qu'elle n'offre aucune prise à la médisance. Dans ce but, on restreint ses jeux et ses sorties, on l'entoure d'une étroite surveillance qui annihile son individualité, la dispense de penser et de vouloir ; on lui apprend à mesurer ses gestes et ses paroles ; on exige surtout qu'elle ignore ou paraisse ignorer ce qui doit être pourtant la grande affaire de sa vie : l'amour, le mariage, la maternité. Et l'on ne songe pas que cette ignorance l'expose aux pires dangers, aux plus cruelles surprises.

Ainsi cette hypocrite morale à double face sait bien accabler la jeune fille qui tombe, mais elle ne sait l'empêcher de tomber qu'en l'entourant de grilles, en la mettant sous clé.

Elle n'est pas plus favorable à la femme mariée. Elle lui crée des entraves que l'homme ne connaît pas, en faisant reposer sur sa conduite privée non seulement son honneur propre, mais celui du mari, celui de toute la famille ! Elle juge l'adultère de la femme beaucoup plus grave que celui de l'homme, et cette opinion est sanctionnée par le Code pénal.

Le Code obéit encore au préjugé des deux morales quand il interdit la recherche de la paternité en autorisant celle de la maternité.

N'est-ce pas, enfin, cet inique préjugé qui a créé la prostitution ? Puisque l'homme a d'impérieux besoins sexuels, qui doivent être absolument satisfaits, paraît-il ; et puisque la femme est obligée de lui résister si elle veut « conserver son honneur », il faut donc une catégorie d'esclaves, un bétail humain dont la destination spéciale soit d'offrir une proie toujours prête aux appétits du mâle.

Ce bétail humain, c'est la prostitution qui le lui fournit, avec l'assentiment et sous le contrôle de l'Etat.

Certes, je n'ai point l'intention de relever le triste et dégradant métier de la prostituée, mais en méprisant la femme qui se vend, souvent par nécessité, pourquoi donc absoudre l'homme qui l'achète pour son plaisir ?

Pourquoi laisser à celui-ci toute liberté, en soumettant l'autre à la honteuse et brutale surveillance de la police des mœurs ? Pourquoi protéger l'homme contre la femme et non la femme contre l'homme ?

En réclamant l'unité de morale pour les deux sexes et l'abolition de ce dernier vestige d'esclavage qui s'appelle la réglementation de la prostitution, le féminisme ne poursuit pas seulement la libération de la femme, il poursuit le relèvement des mœurs.

C'est seulement quand la femme sera libre, égale à l'homme en droits, que l'homme apprendra à la respecter et à maîtriser ses passions.

IV. — Le Travail de la Femme

L'entrée de la femme dans le monde du travail est un des grands faits sociaux du 19ᵉ siècle.

Ce fait a été la conséquence de nouvelles conditions économiques qui rendent plus âpre, de jour en jour, la lutte pour la vie, plus problématique le mariage des filles sans dot, plus difficile pour le travailleur de nourrir sa femme et ses enfants de son seul salaire.

Le développement du machinisme a favorisé, dans les ateliers, l'emploi de la main-d'œuvre féminine ; le développement de l'instruction donnée aux femmes leur a permis d'arriver aux carrières libérales.

Le féminisme n'a pas créé ce mouvement, qui va sans cesse en progressant ; mais il en a bénéficié. Si ses revendications commencent enfin à être écoutées, c'est parce que la femme a pu faire, dans les professions diverses, qui lui étaient fermées auparavant, la preuve de ses capacités, qu'elle est devenue, à son tour, une force de production, qu'elle a conquis ainsi la conscience de sa valeur et le droit de se faire entendre.

Le travail de la femme rencontre des adversaires dans tous les camps, même parmi les socialistes, peu fidèles, en ce point, à leur idéal de justice. Ils s'apitoyent sur le sort de l'ouvrière-martyre, déplorent la concurrence qu'elle fait à l'ouvrier et accusent le féminisme de pousser la femme à déserter son foyer.

Le féminisme ne méconnaît nullement l'importance du rôle que la femme peut remplir au foyer ; il a même réagi contre l'injuste dédain où l'on tenait ce rôle et les féministes ont été les premiers à demander que fût évalué le travail ménager, trop longtemps considéré comme négligeable parce que sa valeur ne se traduisait pas, comme celui de l'homme, en espèces sonnantes.

Mais toutes les femmes n'ont pas un mari qui les nourrisse et des enfants à soigner. Le féminisme a songé aux isolées, aux *millions de femmes célibataires ou veuves* qui ne peuvent compter sur l'appui de l'homme, et aux femmes encore très nombreuses, dont le mari, pour une raison ou l'autre, est incapable d'assurer la subsistance des siens.

Pour toutes ces femmes, il réclame le droit au travail, c'est-à-dire le droit à la vie honnête.

Sans doute, nous reconnaissons, avec nos adversaires, les difficultés que la femme trouve encore à vivre de son travail ; et le sort de l'ouvrière, dans certaines industries, nous émeut d'une pitié profonde et torturante.

Mais que proposent-ils donc, comme remède à ces

maux ? Les uns parlent de renvoyer les femmes au foyer, comme si toutes avaient un foyer et n'en sortaient que par goût, non par nécessité. Les autres vantent les **avantages** du travail industriel à domicile, sans songer qu'il a été, jusqu'ici, la pire forme de l'exploitation des travailleuses. D'autres enfin entendent protéger l'ouvrière par des mesures d'exception (comme l'interdiction aux femmes du travail de nuit), qui auront pour effet certain de diminuer le nombre des industries ouvertes aux femmes.

Le féminisme, persuadé que toute porte fermée au travail féminin est une porte ouverte à la prostitution, poursuit, par d'autres moyens, l'amélioration du sort des travailleuses.

Il lutte contre les inégalités de toutes sortes qui écrasent la femme dans le domaine économique, ainsi que dans tous les autres.

Inégalité dans les salaires d'abord. Presque partout il est d'usage de payer la femme moins que l'homme, en vertu de ces deux idées traditionnelles : la femme a moins de besoins que l'homme ; la femme a toujours près d'elle un homme pour l'aider à vivre ; elle n'a besoin que d'un salaire d'appoint.

L'avilissement des salaires féminins a eu son contre-coup sur les salaires masculins. Concurrencé par une main-d'œuvre plus économique, l'ouvrier s'est vu réduit au chômage ou obligé d'offrir son travail à vil prix. C'est donc l'intérêt de tous les travailleurs, hommes et femmes, de s'unir pour défendre le grand principe proclamé par les féministes : *A travail égal, salaire égal.*

L'inégalité entre les sexes se retrouve encore dans la distribution des fonctions. Beaucoup de carrières, qui n'ont pourtant rien d'incompatible avec les aptitudes féminines, ni même avec la direction d'un ménage, sont encore interdites à la femme : la diplomatie, les offices ministériels (notaires, avoués, huissiers), les fonctions d'employés dans les bureaux des Ministères et les divers services des finances (receveur, percepteur, conservateur des hypothèques), etc.

En outre, dans les carrières administratives ouvertes à la femme, elle n'occupe guère que les emplois inférieurs, subalternes. Elle n'arrive pas aux grades supérieurs. Dans les postes, par exemple, il y a des receveuses ; il n'y a pas d'inspectrices ni de directrices.

Enfin, l'éducation professionnelle de la jeune fille est très négligée. On ne songe, pour elle, qu'à un petit nombre d'emplois, où la concurrence, nécessairement, est énorme.

Si elle veut aborder les carrières libérales, les lycées

de jeunes filles ne la préparant pas au baccalauréat, elle est obligée à un effort beaucoup plus grand que le jeune homme pour conquérir ce grade.

Le féminisme s'efforce de faire disparaître ces inégalités, en agissant à la fois sur les mœurs et sur les lois.

Il s'efforce aussi d'améliorer le sort de l'ouvrière en l'appelant aux syndicats, aux coopératives et en proposant des mesures propres à diminuer la concurrence désastreuse faite au travail libre par le travail des couvents et des prisons.

V. — La Femme devant le Code

En beaucoup de pays, notamment chez les Anglo-Saxons, la situation légale de la femme s'est considérablement améliorée depuis un siècle. Mais en France, nous subissons encore le joug d'un Code centenaire dans lequel Napoléon a marqué, en articles tranchants comme le couperet d'une guillotine, l'assujétissement de la femme au mari.

En vain, dans le cours du xixᵉ siècle, la femme, affranchie de son ignorance séculaire, a-t-elle pu, de mille façons diverses, affirmer son intelligence et parfois son génie ; elle n'en est pas moins, dans le mariage, considérée encore comme une mineure et placée sous la tutelle de l'époux. Elle lui doit obéissance et ne peut faire, sans son consentement, aucun acte juridique, hormis son testament. Comme le disait spirituellement Mᵐᵉ Marguerite Durand, au meeting du 29 octobre 1904 : « Une Madame Curie peut bien découvrir le radium... elle n'est pas capable, d'après la loi, de vendre un de ses vieux fauteuils sans l'autorisation de son mari. Son mari est un savant. Ce pourrait être un imbécile... Concluez. »

Comme conséquence de l'article 213 et de l'autorité maritale, les droits de la mère sont complètement sacrifiés à ceux du père, qui seul a la garde de l'enfant, seul peut décider de sa religion, de son éducation, de son apprentissage, de son mariage. Le chef de famille conserve même, jusqu'après sa mort, le droit de tyranniser sa femme en instituant un Conseil de tutelle qui l'empêche d'exercer librement envers ses enfants son rôle de tutrice, alors qu'il n'est pas permis à la femme, décédant la première, de prendre les même précautions contre le mari.

Le féminisme demande l'abolition de la tutelle maritale et de toutes les interdictions qui limitent la capacité civile de la femme mariée. Il veut l'égalité des époux devant la loi.

Cette égalité, les partisans de l'antique esclavage féminin la jugent impossible à concilier avec le maintien de la famille. Pour qu'il y ait unité de direction, disent-ils, il faut qu'il y ait unité de commandement.

L'unité de direction s'obtiendra tout aussi bien par l'accord de deux volontés que par le despotisme d'une seule, avec cette différence que, seul à commander, l'homme peut suivre son caprice, au lieu que, pour se mettre d'accord, les deux volontés libres feront nécessairement appel à la raison qui, en définitive, se trouvera être la grande autorité directrice du ménage.

Et si l'accord ne peut s'établir ? On admettra bien qu'en ce cas la femme n'a pas nécessairement tort. Il est donc juste qu'elle ne soit pas nécessairement sacrifiée. Les deux époux porteront leur litige devant un arbitre, et, de cette façon encore, c'est la raison qui aura le dernier mot.

Le féminisme demande aussi la réforme des régimes matrimoniaux.

Les mariages sans contrats, qui sont, de beaucoup, les plus nombreux, tombent, en France, sous le régime de la communauté des biens. C'est notre régime légal.

Communauté, ce mot sonne bien à l'oreille et se rattache tout naturellement à l'idée du mariage, fusion de deux vies en une seule. Mais il ne faut pas se laisser prendre au mirage des mots. Celui de communauté n'est qu'un trompe-l'œil. Qu'est-ce qu'une communauté qui donne tous les droits à l'un des conjoints et ne laisse à l'autre que des garanties illusoires ? Qu'est-ce qu'une communauté qui permet au mari de faire tout ce qu'il veut des biens communs, d'administrer les biens personnels de la femme, et n'accorde même pas à celle-ci la libre disposition de son salaire et de ses économies ?

Nous comprenons autrement la communauté des biens. Nous la voulons libre et réelle. Et il nous semble qu'elle ne peut se réaliser ainsi que sous un régime permettant aux époux d'unir ou de séparer leurs biens à volonté, sans qu'aucun d'eux puisse disposer arbitrairement des apports de l'autre ou de ses gains. Ce régime existe. Il s'appelle improprement la Séparation des Biens. On devrait l'appeler la Liberté des Biens. Les féministes voudraient qu'il devînt, en France, le régime légal, comme il l'est déjà en d'autres pays.

On s'imagine communément qu'en dehors du mariage, le Code traite les deux sexes sur un pied d'égalité parfaite. Ce sera une erreur, tant qu'on n'aura pas modifié l'article 442 du Code, qui exclut de la tutelle les femmes autres que la mère et les ascendantes, nous rangeant ainsi dans la flatteuse catégorie des mineurs, des fous et des repris de justice ; tant qu'on n'aura pas abrogé, dans les articles relatifs à la tutelle, tout ce qui infériorise la mère tutrice et les ascendants maternels, tout ce qui fait prévaloir le sexe sur les aptitudes individuelles ; tant que subsistera enfin et surtout ce monstrueux article 340, qui interdit la recherche de la paternité, alors que l'article 341 autorise celle de la maternité.

VI. — Les droits politiques de la Femme

Dans une République démocratique, régie par le Suffrage universel, reconnaissant à tous les citoyens, même aux plus stupides et aux plus ignares, le droit de participer, comme électeurs et comme éligibles, au gouvernement du pays, il n'y a aucune raison valable de refuser aux femmes le droit de vote et le droit d'éligibilité.

Les femmes font partie de la nation au même titre que les hommes ; comme eux, elles payent l'impôt ; comme eux, elles doivent obéissance à la loi ; comme eux, elles sont jugées par les tribunaux en êtres libres et responsables.

Si le Code civil met la femme mariée en tutelle, c'est pour faciliter l'exercice de l'autorité maritale et non parce qu'il la considère comme incapable-née, puisqu'il lui reconnaît, dans le célibat, la capacité civile.

Pour justifier logiquement l'exclusion des femmes du droit de suffrage, il faudrait prouver, ou qu'elles ne sont pas des êtres pensants et conscients et ne font pas partie de l'humanité, ou que ce droit n'est pas un droit, mais un privilège de la force masculine, une *occupation* essentiellement virile, comme la guerre ou la chasse aux grands fauves.

Ces arguments ne pouvant être sérieusement invoqués, on y supplée par un déluge d'objections qui ne démontrent qu'une chose : la difficulté que l'homme éprouve à être juste quand il lui faut, pour cela, dominer ses habitudes autoritaires et ses préjugés de sexe.

Il y a d'abord l'argument tiré du service militaire : les femmes ne payant pas l'impôt du sang, ne peuvent participer au gouvernement de l'Etat.

On oublie qu'elles le payent, sous une autre forme, l'impôt du sang, par la maternité, cette épreuve douloureuse toujours et mortelle quelquefois. Mais, comme l'a dit si éloquemment Nelly Roussel : « Sur notre champ de bataille, à nous mères, il n'y a pas de gloire à recueillir. La société, soi-disant *civilisée*, a placé l'œuvre de mort au-dessus de l'œuvre de vie, en réservant, par une inconcevable aberration, ses hommages **au soldat** destructeur, sa dédaigneuse indifférence à la femme créatrice. »

Toutes les femmes ne sont pas mères, dira-t-on. Tous les hommes, non plus, ne sont pas soldats ; et l'on n'a jamais proposé de retirer leurs droits civiques à ceux qu'on dispense du service militaire.

On allègue encore l'infériorité du cerveau féminin, en se basant sur le petit nombre de femmes qui furent vraiment remarquables dans les lettres, les sciences, les arts ou la politique. On devrait plutôt s'étonner que ce nombre ait été si grand, dans les conditions défavorables où s'est développée l'intelligence féminine, et malgré tous les obstacles qu'a rencontrés son libre épanouissement.

Mais en admettant même que l'imagination créatrice doive toujours rester moins puissante chez la femme que chez l'homme, en quoi cela devrait-il restreindre nos droits ?

Pour voter avec discernement et même pour bien remplir un mandat électif, il n'est pas nécessaire d'avoir du génie ; il suffit d'avoir du bon sens. Et qui oserait prétendre que la femme en est dépourvue ? Comme l'écrit Mᵐᵉ Eidenschenk (1) : « Dans les classes laborieuses, où le mari et la femme ont reçu la même éducation ou n'en ont pas reçu du tout, la femme l'emporte souvent sur l'homme par ses facultés naturelles. Celui-ci ne reprend l'avantage que, lorsqu'ayant reçu une éducation à peu près bonne, il est uni à une femme peu instruite ou mal élevée.

« La paysanne, solide et courageuse, travaillant ferme, ne se laissant pas facilement abattre, esprit prompt et langue alerte, est presque toujours le vrai chef de la famille... Dans les circonstances difficiles, alors que le mari perd la tête, c'est elle qui trouve le moyen de sortir d'embarras.

« Dans le commerce, nous voyons bien souvent la femme assumer la direction de la maison, tandis que le mari remplit l'emploi subordonné d'homme de peine ou de garçon de magasin. »

Si l'intelligence de la femme ne s'applique encore que rarement aux questions d'intérêt général, c'est qu'on l'en a toujours détournée, sous prétexte que la politique était l'affaire des hommes et ne regardait pas les femmes. Comme si les femmes ne participaient pas au paiement de l'impôt, aux conséquences d'une bonne ou d'une mauvaise organisation sociale, de la guerre ou de la paix, du despotisme ou de la liberté !

(1) *La Femme française et la République.*

La femme est impressionnable, fantasque, nerveuse, dit-on encore, — sans vouloir distinguer entre les individualités féminines, aussi diverses que les individualités masculines. — Elle voterait par sentiment plutôt que par raison.

On lui reconnaît pourtant bien le pouvoir de dominer ses nerfs, puisqu'on lui confie précisément la fonction qui demande le plus de patience : l'éducation des jeunes enfants !

Mais admettons qu'elle cède parfois, dans le choix d'un candidat, à l'inclination de son cœur. « Il faudrait encore prouver, écrivait Stuart Mill, que les femmes sont plus souvent égarées par leurs sentiments personnels que les hommes par leur intérêt personnel. »

On veut aussi nous persuader que la jouissance des droits politiques est incompatible avec les fonctions maternelles et ménagères. Il y a longtemps que Condorcet a réfuté ce sophisme.

« En faisant de la femme une citoyenne, disait-il, on ne l'arracherait pas plus à son ménage que l'on n'arrache les laboureurs à leurs charrues, les artisans à leurs ateliers.

« Dans les classes plus riches, nous ne voyons nulle part les femmes se livrer aux soins domestiques d'une manière assez continue pour craindre de les en distraire, et une occupation sérieuse les en détournerait beaucoup moins que les goûts futiles auxquels l'oisiveté et une mauvaise éducation les condamnent. »

L'objection qui a le plus de force, en France, est celle qu'on tire de l'esprit arriéré des femmes, de leur attachement irréfléchi et entêté aux anciens dogmes, aux antiques traditions. On craint, en leur confiant le bulletin de vote, de donner des armes au cléricalisme et de préparer le triomphe de la réaction.

Ce n'est pas là un argument de principes basé sur la justice, mais un argument de circonstance, fondé sur les intérêts de la majorité, autrement dit sur la raison d'Etat.

Travaillons à le détruire en émancipant l'intelligence féminine des puissances du passé. Mais, en attendant maintenons et affirmons notre droit absolu à la pleine et complète jouissance de toutes les libertés que l'homme a reconnues nécessaires au développement, à la dignité, au bonheur de la personne humaine.

CONCLUSION

Où nous mène le féminisme ? — S'il ne devait aboutir qu'à faire cesser l'esclavage féminin, à faire disparaître les iniquités dont la femme est victime, ce serait déjà un grand et noble but qui vaudrait la peine de lutter.

Mais il vise plus haut, il nous entraîne plus loin ; il prépare et il annonce le triomphe de la race, et dans l'Ève affranchie, il salue la génératrice d'une Humanité meilleure.

Jamais l'homme n'a gagné à l'asservissement de la femme ; toujours, en la faisant plus libre et plus éclairée, il s'est élevé lui-même en moralité, en intelligence.

Comme l'a dit Stuart Mill : « Tous les penchants égoïstes, le culte de soi-même, l'injuste préférence de soi-même, qui dominent l'humanité, ont leur source et leur racine dans la constitution actuelle des rapports de l'homme et de la femme, et y puisent leur principale force. Songez à ce que doit penser un garçon qui passe à l'âge d'homme avec la croyance que, sans mérite aucun, sans avoir rien fait par lui-même, fût-il le plus frivole et le plus bête des hommes, il est, par sa seule naissance qui l'a fait du sexe masculin, supérieur de droit à toute une moitié du genre humain, sans exception, où se trouvent pourtant comprises des personnes dont il peut, chaque jour et à toute heure, sentir la supériorité sur lui. »

Le premier effet du féminisme et le plus important sera donc d'établir la *justice*, à la place de l'injustice, dans les relations de sexe à sexe, et, par suite, dans toutes les relations humaines.

« Le second bienfait, qu'on peut attendre de la liberté qu'on donnera aux femmes d'user de leurs facultés en les laissant choisir librement la manière de les employer, en leur ouvrant le même champ d'occupation, en leur proposant les mêmes prix et les mêmes encouragements qu'aux hommes, serait de doubler la somme des facultés intellectuelles que l'humanité aurait à son service » (1).

Un autre résultat du féminisme sera de faire disparaître, ou du moins de raréfier considérablement les conflits d'idées et de sentiments qui se produisent si souvent aujourd'hui entre époux, par suite de leurs divergences d'éducation et de caractère. Elevés d'après des principes communs, l'homme et la femme seront bien mieux faits pour se comprendre, s'harmoniser et réaliser le mariage idéal, qui ne doit pas être seulement l'union des corps et des biens, mais aussi celle des cœurs et des consciences.

Enfin, la participation plus large des femmes à la vie sociale fera pénétrer dans cette vie ce qui lui a trop manqué jusqu'ici : le sentiment, l'amour.

L'influence de la femme, unie à celle de l'homme réalisera ce que n'a pu produire le seul règne de la force même : la fin de l'état de guerre et l'avènement de la fraternité.

ODETTE LAGUERRE.

(1) Stuart Mill : *L'assujettissement des femmes.*